ULRICH SCHAFFER *ich gestalte und forme …*

ich gestalte und forme...

und nehme mein Leben in die Hand

ULRICH SCHAFFER

Fotokunst-Verlag Groh
Wörthsee bei München

Wörthsee bei München
Text, Fotos und Konzept: Ulrich Schaffer
Schriftgrafik/Umschlag: Friedrich Peter
ISBN 3-89008-774-4

Ich beobachte immer wieder, wie unfroh Menschen da werden, wo sie nicht beteiligt sind an der Gestaltung ihres Lebens, und wie glücklich die Menschen sind, die ganz bewußt ihrem Leben eine Form geben, die ihnen entspricht. Zu gestalten und zu formen ist ein Schlüssel zu unserem Glück. Wir leben in einer Welt, in der ungeheuer viel von anderen für uns entschieden wird oder wo wir in die eine oder andere Richtung geschoben werden. Da laufen wir Gefahr, unsere Fantasie nicht mehr zu gebrauchen, um selbst gestalterisch und formend tätig zu werden. Anstatt zu gestalten, konsumieren wir. Wir lassen andere für uns gestalten und übernehmen dann ihre Gestaltung, erleben dabei aber nicht das Glück des kreativen Schaffens oder die Freude, der eigenen Fantasie begegnet zu sein.

Dieses Büchlein will Mut machen, das eigene Leben zu gestalten, es so zu formen, daß wir uns darin wirklich zu Hause fühlen. Was andere für uns gestalten, paßt immer nur begrenzt für uns. Erst wenn wir unser Innenleben so wichtig nehmen, daß wir unser Leben danach einrichten, erleben wir, daß unser Leben nicht willkürlich und zufällig abläuft, sondern einen roten Faden hat, der von uns selber stammt.

Ich gestalte und forme mein Leben.
Es reicht mir nicht,
etwas nur an mir geschehen zu lassen.
Es ist nicht genug,
nur Empfänger zu sein
und mich von den Ereignissen
formen zu lassen.

Ich habe Hände und Füße,
einen Kopf und ein Herz,
eine Seele und einen Geist.
Ich habe Vorstellungen und Hoffnungen,
ich habe eine Fantasie und einen Willen,
ich habe Visionen und Träume.
Mit diesen allen will ich meinem Leben
eine Form und Gestalt geben.
Es soll zu einem Lied werden,
zu einem Gedicht.
Es soll eine Struktur gewinnen
und nicht nur zufällig ablaufen.

Ich werde mein Leben
nicht in eine Form pressen,
aber ich werde es pflegen, wässern,
beschneiden und schützen.
Wenn ich es gestalte
und ihm eine Form gebe,
werde ich mehr ich selbst sein
als sonst.

Ich werde nicht leben,
wie und was „man“ lebt.
Ich werde mich nicht formen lassen
von den Moden und Maschen der Zeit.
Ich werde weniger anfällig sein
für den Druck, konform sein zu müssen.

Wenn ich mein Leben forme und gestalte,
lebe ich von innen nach außen.
Ich befrage mein Innerstes
und lasse es mein Äußeres formen.
Ich lerne, das eine wegzulassen
und das andere stärker zu betonen.
Ich übe, zu sondieren und zu ordnen,
nicht wahllos und willkürlich zu leben,
sondern zu überlegen
und mich an die innere Weisheit,
die ich in mir spüre, anzuschließen.

Ich weiß,
daß ich erst dann der werde,
der ich sein kann,
wenn ich meinem Leben eine Form gebe,
wenn ich bewußt lebe.
So erreiche ich mein Potential.

Nichts und niemand zwingt mich
zu meiner Lebenseinstellung.
Ich habe sie gewählt,
ich kann sie verändern.
Die Ausreden, mit denen ich anderen
die Verantwortung für mein Leben gebe,
sind nur Ausreden.
Ich glaube sie mir nicht mehr.

Wer die Welt negativ sieht,
hat gewählt, sie so zu sehen.
Wer mißtraut,
hat sich dafür entschieden,
bewußt oder unbewußt.
Und auch wer die Wunder
und das sich ausbreitende Leben sieht,
hat sich dafür entschieden.

Jede Lebensgestaltung beginnt
mit der bewußten Wahl
einer Sicht der Welt.
Wie willst du die Welt sehen?

Manches ist unveränderbar in meinem Leben.
Es gibt Widerstände, Unfähigkeiten,
Begrenzungen und schwierige Umstände.
Aber genau da werde ich wachsen.

Ich lerne gerade im Umgang
mit diesen Widerständen,
mein Leben zu gestalten.
Die Situation mag nicht zu verändern sein,
wohl aber meine Einstellung zu ihr,
und oft ist das wichtiger als alles andere.

Ich entscheide mich,
nicht nur Opfer zu sein.
Ich entdecke Möglichkeiten,
wo ich sonst geklagt habe.
Ich finde Wege,
wo sonst alles ausweglos schien.

Ich gestalte die kleinste Zeiteinheit,
die mir gegeben ist: den Augenblick.
Ich erfasse den Moment,
die Sekunde, die Minute,
die eine Begegnung,
das schnell vorübergehende Ereignis,
den einen Anblick.
Ich knie mich hinein in das,
was gerade ist, was sich entfaltet.
Ich versuche, ganz hier zu sein.

Ich öffne meine Sinne,
ich stelle mich auf die Welt ein,
wie sie gerade jetzt ist.
Ich bin wach, ich bin bewußt
und erlebe eine Dichte,
die das Leben erglühen läßt.

Ich forme das Erlebte
zu meinem Glück.

So wie ich den Moment gestalte,
so forme ich auch langfristige Pläne,
ganz gleich, ob ich morgen sterbe
oder noch viele Jahre lebe.

Ich weiß, daß jeder Moment vorbeigeht,
so schön er auch sein mag,
und daß mein Reichtum noch vertieft wird,
wenn ich alles einbetten kann
in die großen Bewegungen meines Lebens.

Und so mache ich kühne Entwürfe
und großzügige Pläne,
wie mein ganzes Leben aussehen soll.
Was soll die Aussage meines Lebens sein?
Das frage ich mich immer neu.
Ich will mich nicht treiben lassen,
sondern mühe mich um Vorstellungen
für ein sinnvolles, erfülltes Leben.

Wäre einer dieser Sätze es nicht wert,
daß wir ihn über ein ganzes Leben stellen
und ihn mit dem Einsatz
der ganzen Energie leben?
„Ich will eine Liebende oder ein Liebender sein."
„Ich will bewußt leben."
„Ich will die geheimen Zusammenhänge des Lebens
immer tiefer verstehen."
„Ich will lieben lernen."
„Ich will wirklich und echt leben,
und durch mich soll Leben um mich entstehen."

So ein Satz
gibt dem Leben eine Gestalt,
formt es und gibt ihm eine Dringlichkeit,
die langsam alles verändert und belebt.

Ich gestalte mein Gottesbild.
Dem, was ich als Kind und Jugendlicher
über Gott gelernt habe,
gebe ich eine andere Form.
Ich kann nicht mehr
mit den alten Überlieferungen leben,
wenn sie in meinem Leben
leer geworden sind.
So wie ich weitergehe, weiterlebe,
mich entfalte und entdecke, was ich will,
so entwickelt und entfaltet sich auch
mein Bild von Gott.

Immer wieder versuche ich,
das Zersplitterte zueinander zu bringen.
Ich will die Welt nicht
in geistlich und weltlich teilen,
nicht das eine glauben
und das andere leben.
Darum erweitert sich der Gott,
den ich denken kann.
So reift mein Gottesbild in mir,
so gestalte ich Gott
in der Weite meiner Fantasie.

Nichts ist wichtiger,
als die Gestaltung des Lebens
durch die Liebe zu prägen.
Das will ich lernen.

Letztlich ist es nicht die Intelligenz,
nicht die Spritzigkeit,
nicht die Durchschlagskraft,
und es sind nicht
die schnellen Redewendungen,
die entscheiden werden,
ob von mir Leben ausgeht.

Mit Liebe locke ich Leben hervor.
Mit Zuwendung schaffe ich Glück.

Weil ich Schöpferisches in mir spüre,
darum gestalte und forme ich
auch mich.

In mir existiert zum ersten Mal
diese ganz bestimmte Kombination
von Vererbung, von Bildung und Geschichte,
von Wille, Gefühl und Geist,
und darum ist es angebracht,
daß ich die Welt so sehe,
wie sie noch niemand vor mir gesehen hat.

Ich fühle mich wie ein Bildhauer
vor einem großen, unbehauenen Felsblock,
in dem eine Figur ruht
und auf ihre Befreiung wartet.
Mein Leben ist diese Figur.
Ich befreie sie.

Ich gestalte meine Freundschaften,
mein Leben mit Menschen,
die mir nahestehen.
Über die Jahre verändern wir uns,
und was uns einmal einander nahebrachte,
mag uns jetzt trennen.
Was dem einen immer noch kostbar ist,
mag den anderen nun langweilen.

Ich weiß, daß eine Freundschaft Pflege,
Aufmerksamkeit und Zuwendung braucht.
Ich überlege, was uns gut tun könnte,
ich sehe, was möglich ist,
ich versuche zu verstehen,
ich achte auf Verletzungen,
ich nehme Grenzen ernst -
meine und die meiner Freunde.
So gestalte ich Beziehungen,
weil ich weiß, daß sie sich nicht
von selbst entwickeln.

Nur wenn ich meine Freiheit gestalte,
mißbrauche ich sie nicht.
Nur wenn ich sie als kostbares Vorrecht sehe,
werde ich sie wirklich schätzen.
Ich lebe in einer Gesellschaft,
in der ich frei denken darf.
Ich darf handeln,
ich darf ein Leben entwickeln,
in dem ich wichtig bin.
Ich darf mich wehren gegen Zustände,
die den Tod verbreiten.
Ich darf mich melden,
ich darf reden, wählen und schreiben.

Und am Ende
gehört zu der Gestaltung der Freiheit
auch die Fähigkeit,
die eigene Freiheit freiwillig zu opfern,
um jemand anderem etwas zu ermöglichen.

Nichts ist selbstverständlich,
am wenigsten die Freiheit,
die unser Leben so reich macht.

Ich gestalte meine Gedankenfreiheit.
Ich denke mit der Zeit,
ich denke gegen den Strich,
ich denke grenzenlos
und in vorgegebenen Grenzen,
ich denke vorsichtig und sachlich,
intuitiv und kreativ.
Ich denke als einzelner
und als Teil eines Kollektivs.
Ich denke an mich
und an die ganze Welt.
Ich denke radikal und weitreichend,
konzentriert und konkret,
fantasievoll und verrückt.

Und ich wehre mich dagegen,
daß andere für mich denken
und mir ihre Werte unterschieben
oder ihre Meinung aufdrängen wollen.
In der freien Gestaltung meines Denkens
sehe ich meine Verantwortung
für die Welt.

Ich gestalte meinen Beruf.
In ihm lebe ich,
durch ihn drücke ich mich aus.
Er ist wichtig.
Ich will nicht nur stur das tun,
was alle anderen in ihm tun,
sondern ihm eine Form geben,
die mir entspricht.

Ich will in mich gehen
und entdecken,
welchen originellen Beitrag
ich in meinem Beruf leisten kann.

Ich gestalte meine Sprache.
In meinen Worten begegne ich
jeden Tag meinen Mitmenschen.
Ich will meine Sprache bewohnen,
ich will bewußt reden und schweigen.
Ich will mir über die Wirkung meiner Worte
mehr Gedanken machen,
um besser wählen zu können,
was ich sage und was nicht.

Ich will die Sprache
nicht wie eine Mauer gebrauchen,
hinter der ich mich verstecke.
Meine Sprache soll Einladung sein,
sie soll Wärme vermitteln
und Geborgenheit schaffen.
Sie soll respektieren und würdigen,
aufbauen, ermuntern und herausfordern -
jeweils immer das, was die Liebe
in dem Moment für lebensförderlich hält.

Um zu gestalten und zu formen,
brauche ich Information.
Ich brauche Wissen und Verständnis
für die Welt.

Ich werde lesen, denken, fragen, hören,
die Augen aufmachen, forschen
und mich informieren.
Ich werde mich
mit anderen Ländern beschäftigen,
mit anderen Sitten und Haltungen.
Ich will mir keine Meinung
in Unwissenheit bilden
und mein Leben nicht gestalten,
ohne zu wissen,
was in der Welt los ist.

Es ist die Liebe zu meinen Mitmenschen,
die mir gebietet, mich zu informieren.

G-CAHR
QUEEN
YUKON

Ich gestalte mein Leben
im Zeichen der Zärtlichkeit.
Ich gebe der Sanftheit
wieder ihren rechtmäßigen Raum.
Ich lasse mich nicht bestimmen
von dem Lauten und Frechen.
Tiefer als zuvor begreife ich,
wieviel Kraft in der Vorsichtigkeit liegt.
Ich taste mich auf dich zu,
ich will dir keine Angst machen.

Trotz aller Unterschiede
schöpfe ich neuen Mut,
daß wirkliches Verständnis
zwischen uns möglich ist.

Ich gestalte und forme
meine Beziehung zu dir.
Ich weiß, daß sie nur gedeihen kann,
wenn ich sie mit Sorgfalt umgebe.
Auf Dauer geschieht nichts von selbst,
und nur das bewußt Gestaltete
wird uns beide froh machen.

Es bedarf unseres ganzen Einsatzes,
wenn wir aus unser beider einmaligem Leben
eine Gemeinschaft formen,
in der keiner von uns beiden untergeht.

Nur wenn wir beide üben,
die Freiheit des anderen zu wahren,
wird es uns gelingen,
zueinander zu finden.

Ich will es nicht dem Zufall überlassen,
wie wir miteinander umgehen.

Ich will
zusammen mit dir
unsere Freiheit gestalten.
Sie gehört zum Kostbarsten,
was wir besitzen.
Wir wollen sie nicht vergeuden,
sondern sie mit dem füllen,
was uns wichtig ist.

Wie wir sie gestalten,
wird darüber entscheiden,
ob wir einander aus den Augen verlieren
oder einander näherkommen.

Ich will lernen,
auch unsere Auseinandersetzungen zu gestalten.
Wir sind zwei unterschiedliche Menschen,
mit unterschiedlichen Vorstellungen,
Wünschen und Hoffnungen.
Was du ganz nötig zum Leben brauchst,
mag für mich nicht so wichtig sein,
und ich will nicht ohne etwas leben,
was du vielleicht gar nicht kennst.
Wir haben verschiedene Stile, andere Inhalte.
Was dir bewußt ist, habe ich nicht wahrgenommen,
und was mich beunruhigt,
hat dich vielleicht nie sehr beschäftigt.

Und so gibt es Verletzungen und Einsamkeit,
Meinungsverschiedenheiten und Streit.
Wenn wir von unserer Einmaligkeit ausgehen,
kann es uns vielleicht gelingen,
diese Unterschiede als Gaben, als Bereicherung
und nicht als Bedrohung zu sehen.
Dann hätten wir die Möglichkeit, gerade das,
was uns trennt, zu formen und zu gestalten.
Dann würde es uns nicht auseinanderschleudern.

Ich will beim Formen und Gestalten
nicht mit Druck arbeiten.
Ich will nur für mich entscheiden
und nicht auf dein Leben übergreifen.
Du sollst frei bleiben,
auch wenn es mir das Leben schwerer macht.
Und ich will nicht untergehen
in deinen Vorschlägen für mich.
Ich werde mich wehren
als Ausdruck meiner Liebe zu dir.

Ich gestalte mit Fantasie,
nicht mit Verbissenheit.
Fantasie schafft Leben,
Verbissenheit läßt es erstarren.

Ich gestalte mit Leidenschaft
und nicht mit Langeweile.
Leidenschaft macht lebendig,
Langeweile macht müde.

Wir sind zu wertvoll,
um uns immer wieder
in Wiederholungen zu ergehen.
Es ist Zeit,
der Sehnsucht nach Leben nachzugehen.

Weil jeder Mensch einmalig ist,
darum paßt nichts zu uns
als das schöpferische Leben.
Du bist ein Original,
und ich bin es auch.

Ich gestalte unsere Trennungen -
die inneren und äußeren.
Wenn ich mich dir nicht mitteilen kann,
weil etwas nicht reif ist,
dann will ich aus der Einsamkeit etwas machen,
was uns später beide bereichert.
Und wenn du Dinge tust, die mich ausschließen,
dann will ich nicht nur dumpf leiden
und dir daraus einen Vorwurf machen,
sondern ich will lernen, diesem Alleinsein
einen Sinn zu geben. Ich will in mich gehen,
mich neu entdecken
und an mir selbst arbeiten.

Wenn ich verreisen muß
oder du nicht bei mir sein kannst,
dann will ich die Zeit nutzen,
meine Fähigkeit, allein zu leben,
zu entwickeln.
Gerade wenn du nicht da bist,
ist manches, was selbstverständlich war,
eine Herausforderung. Die will ich annehmen.
Ich ahne, was ich gerade dann
aus mir machen kann.

Ich gestalte unsere Zukunft.
Ich will ihr nicht nur ausgeliefert sein,
sondern mit meinen Wünschen und Hoffnungen
zu ihrer Gestaltung beitragen.

Wo und wie wollen wir leben?
Was soll das Zentrum
unseres gemeinsamen Lebens sein?
Wie wollen wir wohnen?
Wie wollen wir unsere Freizeit verbringen?
Mit welchen Menschen
wollen wir unsere Freundschaft vertiefen,
und welche Beziehungen
wollen wir nicht mehr pflegen?
Wie wollen wir unser mittleres
und dann unser hohes Alter gestalten?

Wollen wir zusammen diese Fragen beantworten
und einen Entwurf für unser Leben machen,
auch wenn es anders kommen mag?
Ich würde mich gern mit dir
an das Reißbrett unseres Lebens setzen.

Wie wichtig ist es,
selbst zu leben
und nicht nur gelebt zu werden.

Mein erster Schritt dorthin ist,
voll verantwortlich zu sein
für die großen und kleinen Dinge
meines Lebens.

Wie leer und langweilig wird alles,
wenn wir nicht beteiligt sind
an der Form unseres Lebens.

Ich bin kein Opfer.
Ich kann entscheiden, ich wähle,
ich gestalte und forme.

Ich finde und erfinde mich
und bin gespannt,
was aus mir noch werden wird.
Und aus dir.

Grunderfahrungen des Menschseins

Diese Bücher befassen sich mit den Grunderfahrungen des Menschseins: Suchen, Wagen, Hoffen – Lieben, Kämpfen, Träumen, Feiern – Gestalten, Wachsen, Glauben. Es vergeht kaum ein Tag, an dem wir uns nicht in ihrem Bereich bewegen. Ich habe versucht, ihre Inhalte in Worte zu fassen, sie greifbarer zu machen, bewußter mit ihnen umzugehen.

Was suchen wir eigentlich? Was gilt es zu wagen, damit wir erfüllter leben können? Wie können wir lernen, die Welt um uns wieder zu feiern? Wovon träumen wir, und gelingt es uns, diese Träume zu verwirklichen und unser Leben zu gestalten?

In dieser Buchreihe will ich versuchen, das, was wir oft nur unklar in uns fühlen, sichtbar werden zu lassen. Ich hoffe, daß sich die Leserinnen und Leser in manchen dieser Gedanken wiedererkennen und so sich selbst und andere besser verstehen lernen.

Meine Fotos sollen dazu beitragen, diese Wege ins eigene Leben und Denken besser zu finden. Bilder sprechen manchmal direkter als Worte.

Der Aufbau eines jeden Bandes dieser Buchserie ist so, daß in der ersten Hälfte die allgemeinen Texte zu finden sind, während sich die Texte der zweiten Hälfte auf die Beziehungen zwischen zwei Menschen konzentrieren.

Ich wünsche meinen Leserinnen und Lesern - ob sie nun nur einen Text, einen Band oder die ganze Serie lesen und betrachten, daß sie sich selbst dabei ein wenig näherkommen und ermutigt werden, aktiver an der Gestaltung ihres eigenen Lebens mitzuwirken.

Ulrich Schaffer

Ulrich Schaffer wurde 1942 in Pommern geboren, wohnt aber schon seit 1953 in Kanada. Nach dem Studium arbeitete er von 1970 bis 1981 als Dozent für europäische Literatur an einem College bei Vancouver. Seit 1981 ist er freiberuflich Schriftsteller und Fotograf. Er ist verheiratet und hat zwei Töchter.

Es gibt von ihm über sechzig Bücher, von denen zwanzig Bildbände sind. Die Gesamtauflage seiner Bücher beträgt inzwischen über zwei Millionen.

Ulrich Schaffer ist meistens zweimal im Jahr zu Lesungen in Europa, weil es ihm wichtig ist, direkten Kontakt mit seinen Lesern zu halten.

Ulrich Schaffer schreibt aus seinem Erleben heraus und reicht so in das Erleben anderer hinein. Ihm geht es immer wieder um die Fragen, die die meisten Menschen bewegen: Was ist der Sinn? Wie kann ich lebendig leben? Wie finde ich den Weg zum andern? Diese Buchserie ist ein Ausdruck der Beschäftigung mit solchen Fragen.

In dieser Buchserie von Ulrich Schaffer sind derzeit folgende Titel lieferbar:

ich suche…
Zum Herzen des Lebens vordringen

ich wage…
Etwas einsetzen, um Leben zu gewinnen

ich hoffe…
und verschlossene Türen tun sich auf

ich liebe…
und die Welt entfaltet sich

ich feiere…
um mein Glück zu leben

ich träume…
um meine tiefen Wünsche zu spüren

ich kämpfe…
für eine bessere Welt

ich gestalte und forme…
und nehme mein Leben in die Hand

ich wachse und reife…
und werde verwandelt

ich glaube und vertraue…
und mache mich verletzbar